© 1990 Verlag Waldemar Lutz, D-7850 Lörrach
Reproduktionen: K + B Repro GmbH Freiburg
Satz: Verlag Waldemar Lutz
Druck: Südwestdruck GmbH Lörrach
ISBN 3-922107-28-1

Papageien-Hexereien

Aufgeschrieben
von Friedgard Seiter
Aufs Papier gezaubert
von Traute Enderle-Sturm

Verlag Waldemar Lutz

Am Fuß des Berges Melibokus,
in einem schiefen, alten Haus,
da wohnt der Zaub'rer Hokuspokus,
er geht nur noch ganz selten aus.

Doch die Hexe Liese Leisetritt
nimmt ihn mal auf die Reise mit
zu einem schnellen Besenritt, –
und wißt Ihr was?
Das macht' ihm Spaß!

Sie fliegen über Berg und Tal,
da sehen sie mit einem Mal
auf einer Wiese viele Hennen
nach Haus in ihre Ställe rennen.

Der Zaub'rer lacht,
der Zaub'rer macht
so Hokuspokus – eins – zwei – drei
und Fidibus –
und Hühnerei –
und spielt 'nen frechen Streich. –
Paßt auf, Ihr hört und seht es gleich:

Beim Hühnerbauern Hinkeldei
in Hinter-Obersachsen,
da schlüpft aus einem Hühnerei
ein gritzegrüner Papagei! –
„Nanu", sagt Bauer Hinkeldei,
„was sind denn das für Faxen?"

„Kikeriki", kräht laut der Hahn,
„seht Euch nur diesen Grünschwanz an!"

Der Papagei, der ganz vergnügt
im Hühnerhof spazierenfliegt,
denkt: „Wer bin ich, und wer ist wer,
und wie komm' eigentlich ich her?"

Er setzt sich auf den Brunnenrand,
hat sich im Spiegelbild erkannt,
dann putzt er sich und macht sich schön,
um überall sich umzusehn.

Des Bauern Hund mit Namen Troll
kommt angerannt und bellt wie toll.
Der Papagei kreischt: „Sieh Dich vor,
sonst beiß ich Dir ein Loch ins Ohr!"

Da stutzt der kleine Hund und lacht,
„Wer hat denn dieses Tier gebracht?
Es ist ein Vogel – und es spricht?
Nein, sowas gab es hier noch nicht!"

Doch werden diese beiden bald
gut miteinander Freund.
Sie streifen oft durch Feld und Wald,
und machen vor Gefahr nicht halt
und bleiben stets vereint.

*D*a kommt einmal des Weg's daher
der Zirkus Larifari,
der spielt im Lande ringsumher
das Stück: „Die Großsafari".

Herr Larifari ruft entzückt,
als er den Papagei erblickt:
„Hier bleiben wir, es sieht so aus,
als wär' der Grünschwanz hier zu Haus."

Den Bauern fragt der Zirkusmann,
ob er die Wiese mieten kann;
dann baut man auf das große Zelt,
die Wagen werden rundgestellt.

Schon steht das luftige Gebäude,
Herr Larifari ruft: „Ihr Leute,
kommt alle her, wir spielen heute!"
Die Neugier ist natürlich groß:
„Hereinspaziert – jetzt geht es los!"

KOMMT ALLE HER!

Das Dromedar Hans Buckelfein
knickt seine langen Beine ein,
damit die Silke Silbermann
auf seinen Rücken steigen kann.
Dann rennt das Tier im Dauerlauf
und sie macht einen Kopfstand drauf.

Das Känguruh Ruth Wedelstütz
tanzt mit dem Affen Ringelpietz.

Der Seehund Hugo Fischezahl
spielt mit dem großen Wasserball
und Schlappohr dann, der Elefant
macht einen Hinter-Einfuß-Stand.

Zuletzt der Löwe! Da kommt er
mit Maxe Maier, dem Dompteur.
Der Löwe Leo Pinselschweif
springt durch den großen Feuerreif!

Dann ist die Vorstellung vorbei
und alle Tiere haben frei.
„Kommt her, wir spielen", sagt der Hund.
Der Bauer mahnt: „Treibt's nicht zu bunt!"

„Hört alle her!" ruft Grünschwanz laut,
„jetzt spielen wir Verstecken.
Es gibt auf unserm Bauernhof
so viel geheime Ecken."

Schon schlüpft der kesse Papagei
hinter die Dreschmaschine,
und Troll, der Hund, kriecht in das Heu
hoch auf der Scheunenbühne.

Jedoch – oh Schreck! – er tritt dabei
den ganzen Heuberg los.
mit Staub und Poltern stürzt er jetzt
herab, der Schock ist groß!

Der Troll fällt mit, doch fällt er weich,
der Papagei jedoch sogleich,
geht unter ihm verschütt!
Oh weh, was macht er mit!

Der Troll fängt an zu heulen,
die andern Tiere eilen
herbei, den Schaden anzusehn
und bleiben voll Entsetzen stehn.

Der Leu schwingt seinen Pinsel,
„Was soll denn das Gewinsel?
Ich glaub, in dieser Scheuer,
da ist es nicht geheuer!"

Er stürzt herbei und gräbt drauflos
mit seinen großen Tatzen;
und dann – wie ist die Freude groß –
beim hundertdritten Kratzen
erwischt er unsern Papagei
am Schwanz und zieht ihn raus.
Dann tragen sie ihn allesamt
hin zu des Bauern Haus.

Der Papagei ist ganz betäubt
und überall vom Heu verstäubt.
Doch schließlich lebt er wieder
und schüttelt sein Gefieder.

Er krächzt: „Ich danke schön, Herr Leu",
mit ganz belegter Stimme;
drauf sagt der Bauer Hinkeldei
mit kaum verstecktem Grimme:
„Das kommt davon, Ihr habt's gesehn,
wenn man beim Spiel vergißt,
wie überall, in Haus und Hof,
Gefahr verborgen ist!"

Als Larifari anderntags
zur nächsten Ortschaft zieht,
schließt unser Papagei sich an,
weil er so lustig sprechen kann.

Herr Larifari freut sich: „Fein,
ich stelle Dich als Sänger ein.
Als 'Paco Grünschwanz' wirst Du jetzt
von mir auf das Programm gesetzt."

„Ade Ihr Hühner, tschüß Du Hund,
lebt alle wohl und bleibt gesund!"

So wandern sie von Ort zu Ort
– sie machen auch mal Pausen –
und kommen dann, am Neckar dort,
zum Schloß von Neckarhausen.

Im Schloßpark, wo das Zelt man baut,
hat unser Papagei
sich mal ein wenig umgeschaut,
da hört er ein Geschrei.

Im Käfig, hinter Drahtverhau,
sieht er – Ihr glaubt es kaum –
die schönste Papageienfrau;
er denkt, es ist ein Traum.

Jedoch sie macht ihn schleunigst wach
und schreit: „Ich will hier raus!"
Da flattert er ums Vogelhaus,
und rüttelt hier, und schüttelt da –
und plötzlich gibt die Türe nach;
sie schlüpft ganz schnell hinaus.

Sie flattert hastig, möglichst weit
bis auf den höchsten Ast;
der Papagei gibt ihr Geleit,
dort machen beide Rast.

Erst schnäbelt sie –
dann schnäbelt er –
dann bauen sie ein Nest.

Erst ist es voll –
dann ist es leer –
Und wißt Ihr auch den Rest ?

Fahrt mal nach Neckarhausen hin
und schaut dort in die Bäume!
Als ich einst dort gewesen bin,
dacht' ich bei mir, ich träume:
Früh morgens hörte ich sie schrei'n
sie flogen durch den Himmel,
unzählbar viele Papagei'n,
ein lustiges Gewimmel!

Der alte Zaub'rer Hokuspokus
vom Fuß des Berges Melibokus
fliegt oft zum Schloßpark hin und lacht
und denkt: „Das hab ich fein gemacht!"

Liebe Kinder,

das war natürlich eine Phantasie-Geschichte, denn es gibt keine Zauberer, keine sprechenden Tiere – auch Papageien sprechen nur die Worte, die man ihnen beibringt – keine Hexen, die auf dem Besen durch die Luft reiten – aber eines gibt es wirklich:

die Papageien von Neckarhausen.

Neckarhausen ist eine Ortschaft am Neckar - wie ja der Name schon sagt - zwischen Heidelberg und Mannheim. Dort gibt es auch ein Schloß. Im Schloßpark, in den hohen Bäumen, nisten tatsächlich Papageien, "Halsbandsittiche" ist ihr genauer Name. Sie sind vor Jahren einmal aus einem Käfig entkommen, haben sich inzwischen sehr vermehrt und fliegen auch über den Neckar hinüber nach Ladenburg. Wie heißt es doch in unserer Geschichte: „Fahrt mal nach Neckarhausen hin und schaut dort in die Bäume"!